João Pessoa - PB,
10 de junho de 2006

O futebol levado a riso

Rubem Alves

O futebol levado a ris

Lições do bobo da corte

VERUS editora

Revisão:
Aurea G. T. Vasconcelos
Carlos Eduardo Sigrist
Raïssa Castro Oliveira

Projeto gráfico:
André S. Tavares da Silva

Capa:
André S. Tavares da Silva
André Ianni (*ilustração*)

Algumas das crônicas que compõem esta obra foram inicialmente publicadas nos jornais *Correio Popular* de Campinas, SP, e *Folha de São Paulo*.

VERUS EDITORA
Rua Frei Manuel da Ressurreição, 1325
13073-221 - Campinas/SP - Brasil
Fone/Fax: (19) 4009-6868
verus@veruseditora.com.br
www.veruseditora.com.br

Dados Internacionais de Catalogação na Publicação (CIP)
(Câmara Brasileira do Livro, SP, Brasil)

Alves, Rubem
O futebol levado a riso : lições do bobo da corte / Rubem Alves. -- Campinas, SP : Verus Editora, 2006.

ISBN 85-87795-92-9

1. Crônicas brasileiras 2. Futebol I. Título.

06-1329 CDD-869.93

Índices para catálogo sistemático:
1. Crônicas de futebol : Literatura brasileira 869.93

Sumário

Apresentação

O futebol é o circo do mundo. Não há nenhum outro esporte que provoque tanta paixão, tanta alegria, tanta tristeza. O futebol dá sentido à vida de milhões de pessoas que, de outra forma, estariam condenadas ao tédio. É o assunto, nas manhãs de segunda-feira, em bares, escritórios, fábricas, táxis, construções. O futebol é a bola que se joga no jogo das conversas. Faz esquecer lealdades políticas, ideológicas, religiosas, econômicas, raciais. É a grande religião ecumênica. Acabam as diferenças. Todos são iguais. São torcedores de futebol. No mundo inteiro.

Nesse circo, eu sou o palhaço. Palhaços são aqueles que transformam coisas sérias em coisas engraçadas. Em tempos antigos, quando os reis se reuniam com seus ministros graves e sérios, havia o ministro do riso, chamado bobo da corte. O bobo da corte tinha direitos que não eram dados a nenhum dos ministros sérios. Ele tinha permissão para fazer piadas do próprio rei.

■ ■ ■

Conta-se que, numa grave reunião dos ministros de um reino, o rei se embaralhou dando explicações esfarrapadas sobre uma besteira que havia feito. (Reis e presidentes estão sempre a fazer besteiras, a dar explicações esfarrapadas.) Todos os ministros concordavam graves e sérios, com medo de serem demitidos. Menos o bobo que interrompeu a arenga do rei e disse:

– Majestade, há explicações que são piores que uma ofensa.

O rei ficou danado.

– O senhor tem até o fim do dia para explicar-se, sob pena de passar uma semana no calabouço...

O bobo deu uma risadinha e saiu da sala. Ao fim do dia, terminada a reunião, o rei se dirigia sozinho para os seus aposentos, mergulhado em seus pensamentos, caminhando por corredores desertos, cheios de colunas. Atrás de uma dessas colunas o bobo estava à espera de sua caça. Quando o rei passou, ele saiu de trás da coluna que o escondia e agarrou com força as nádegas murchas do rei. O rei deu um berro enfurecido, e o bobo disse:

– Perdão, Majestade, pensei que era a rainha...

■ ■ ■

Por vezes há mais sabedoria no traseiro que na cabeça. Pelo menos é isso que pensa a psicanálise. Psicanalista é uma pessoa que não acredita de cara. O que lhe interessa são as partes escondidas, vergonhosas. O rei, ao sentir seu traseiro apertado pelo bobo, teve uma experiência espiritual, zen: ficou iluminado.

Contaram-me, não sei se é verdade. O atacante burlou toda a defesa e avançava veloz para fazer o gol. O goleiro, vendo o gol certo, tratou de antecipar-se. Não esperou. Avançou para o atacante para fechar o ângulo. Aconteceu, entretanto, que a bola rolou mais veloz que o atacante. O goleiro chegou à bola e se preparou para o chute que a mandaria para o meio do campo. O atacante, temeroso de que a bola o atingisse em suas partes sensíveis, virou de costas para o goleiro e abaixou-se para proteger a cabeça. O goleiro chutou. Pois não é que a bola bateu no traseiro do atacante, tabelou, voltou, passou pelo goleiro e entrou no gol? Assim, caso você não saiba, com o traseiro também se fazem gols...

Escrevo este livrinho com olhos de psicanalista e com olhos de bobo da corte. Agarro o futebol pelo traseiro e dou risadas. Desejo que você tenha a mesma experiência do rei: que você fique iluminado. O futebol não merece ser levado tão a sério. Ele deve ser levado a riso. Se levado muito a sério, o futebol provoca fanatismo, e o riso e a alegria se transformam em raiva e violência.

E fico sonhando com a possibilidade de se transferir um pouco do entusiasmo do futebol para as coisas sérias da vida. Há muitas causas que precisam da paixão que anima os torcedores.

Brinquemos, pois.

É preciso rir.

A seriedade é a característica do demônio. Rindo, os demônios se vão. Rindo, nos tornamos irmãos...

1
Futebol e infância

Eu havia acabado de me mudar de Minas para o Rio de Janeiro, ano de 1945. Caipira, desconhecia as regras da sociabilidade da capital. Foi então que um colega do curso de admissão, o Henrique Pflanzer, um menino inteligente que sempre admirei, chegou-se a mim sorrindo e, num gesto de amizade, me disse:

– Eu sou flu. E você?

Fiquei abobalhado. Ele era "flu". "Flu" deveria ser uma coisa muito importante, a ponto de ele me confessar ser "flu". Mas eu não sabia o que era "flu". Diante do meu silêncio, ele se dirigiu a um outro colega e lhe disse a mesma coisa.

– Eu sou flu...

– Eu sou mengo – o outro respondeu.

Só depois percebi que "flu" era Fluminense e "mengo" era Flamengo. Iniciavam-se as relações sociais dizendo-se os nomes dos times pelos quais se torcia. Ao me dizer "eu sou flu", o Henrique tinha esperança de que eu respondesse "eu também". Com um nome estava estabelecida a irmandade... Mas eu não torcia por time nenhum. Nunca havia ido a um jogo de futebol. Não sabia os nomes dos jogadores. Estava, portanto, fora da roda dos irmãos...

À pergunta filosófica sobre a essência da identidade pessoal, deve-se responder com o nome do time: "Eu sou Botafogo"; "Eu sou Portuguesa"; "Eu sou Corinthians"; "Eu sou Flamengo"... Quem não torce por um time não existe. É destituído de alma. A coisa é tão séria que há pessoas que morrem de enfarto e outras que matam por causa de um nome de time.

Contaram-me de um palmeirense roxo que odiava o Corinthians. Já velho, na cama, em agonia, aguardava o apito do Grande Juiz que o expulsaria de campo. Chamou o filho e, com voz trêmula, lhe disse: "Filho, estou morrendo... Quero que você faça a minha última vontade. Vá até a torcida organizada do Corinthians e inscreva-me como sócio...". O filho achou que o velho já começava a ter alucinações, estava mais pra lá que pra cá. Argumentou. Mas o pai foi irredutível. O filho fez, então, a vontade do pai. Voltou com a carteirinha de sócio. O velho, vendo seu rosto na carteirinha, sorriu um sorriso angelical e disse: "Oh, a suprema alegria de ver mais um corintiano morrer...". Ditas essas palavras, entregou a alma.

Nas manhãs de segunda-feira é inevitável que o motorista de táxi comece a conversa falando sobre o clássico da véspera. Não lhe passa pela cabeça que possa haver uma pessoa que não tenha a menor idéia de qual jogo foi.

– Então, o que é que o senhor acha do pênalti que o juiz marcou...

Não digo a verdade. Ele pensaria que sou um alienígena. Devolvo a pergunta:

– Quero primeiro saber a sua opinião para ver se coincide com a minha... – aí conversamos animadamente.

Esta minha indiferença ao futebol, exceto quando o Brasil está jogando, tem sido causa de muitos embaraços, e cheguei mesmo a levar esse problema à minha psicanalista: "Por que é que todo o mundo se entusiasma com futebol e eu não?". Ela me sugeriu que, com certeza, deveria haver algum trauma infantil não-resolvido no início dessa perturbação. Sugeriu-me entregarme às associações livres, que eu me deixasse levar pelas minhas memórias da mesma forma como os urubus se deixam levar pelo vento.

Voei. E eis que, de repente, uma cena esquecida me apareceu. Era um campo de futebol de roça, um pastinho. Dois times estavam jogando. Meu irmão me levara até aquele lugar. Eu nada entendia do que estava acontecendo, todos aqueles homens em calções correndo para chutar uma bola. Tudo estava acontecendo sem maiores percalços quando, de repente, veio pela estrada de terra um cavaleiro conduzindo uma vaca. A vaca, vendo aquele alvoroço – a bola que era chutada pra lá e chutada pra cá –, resolveu entrar no jogo: arremeteu contra a bola, cabeça abaixada como os touros na arena. Os jogadores e o juiz fugiram espavoridos. Muitos subiram em árvores. Eu, menino pequeno, não conseguiria subir em uma. Meu irmão, para me salvar, arrastou-me até um chiqueiro cheio de porcos e colocou-me lá dentro. Ele ficou de pé na segunda tábua da cerca do chiqueiro, apreciando, de uma posição segura, o desenrolar do futebol bovino. A vaca, não contente em chifrar a bola, dispunha-se a chifrar tudo o que se movesse. Mas eu, dentro do chiqueiro, nada via, a não ser aqueles porcos peludos que grunhiam grunhidos que eu desconhecia. Fiquei com muito medo.

Minha primeira experiência com o futebol foi, assim, uma experiência "animar". Minha analista, comovida com meu relato, concluiu que minha indiferença ao futebol se devia a essa experiência em que o jogo aparece ligado a uma vaca desembestada e a porcos malcheirosos. De fato, por vezes uma partida de futebol termina em tourada, e há situações em que os jogadores se revelam como que movidos por espírito de porco.

Quem me devolve o espírito do futebol como brincadeira de menino é o Ronaldinho Gaúcho. Não sei a origem do costume de se colocar o sufixo "inho" ao final dos nomes dos jogadores de futebol. São tantos os "inhos"... "Inho" é um sufixo carinhoso, diminutivo, *acriançante*. Mas, quando se vê um jogo, não há "inhos" em campo. É um jogo bruto, cheio de trapaças, malandragens, pontapés, empurrões, rasteiras, palavrões e, por vezes, sopapos. O sufixo mais verdadeiro seria o "ão". O único a merecer o sufixo "inho" é o Ronaldinho. Porque ele é uma criança. Está sempre sorrindo. Ele ri mesmo quando a jogada não dá certo. Ronaldinho é uma alegria sorridente. Que ele jamais tenha a idéia louca de ir a um ortodontista para consertar os dentes! O segredo do seu sorriso iria para o brejo. Pouco se me dá o time em que ele está jogando. Torço sempre para o Ronaldinho, mesmo que ele não faça gols nem determine a política econômica do Brasil.

Sou, assim, um torcedor atípico. Não torço por time algum. Torço é pelo Ronaldinho. O Ronaldinho me *terapeuta*. Vendo o Ronaldinho sorrindo, eu me esqueço da vaca enfurecida e dos porcos no chiqueiro. Se ele estivesse lá, é certo que correria da vaca porque ele não é bobo. Vendo o Ronaldinho jogar, eu olho para o campo e vejo vinte e dois meninos brincando...

2

Futebol e Geometria

A esfera é o sólido perfeito. É o único que a natureza faz natural e perfeitamente com a ajuda de uma criança que sopra bolhas de sabão... Não sei de nenhum poeta que tenha escrito um poema dedicado ao cubo ou ao cone. Mas sei de filósofos e poetas que escreveram sobre essas esferas diáfanas e transparentes. Veja a sensibilidade de Nietzsche:

> Quanto a mim, gosto da vida: borboletas e bolhas de sabão e todas as coisas que, entre os homens, se assemelhem a elas, parecem conhecer mais sobre a felicidade. Vendo flutuar essas almas leves, tolas, móveis, pequenas – isso seduz Zaratustra a lágrimas e canções.

E Alberto Caeiro:

As bolas de sabão que esta criança
Se entretém a largar de uma palhinha
São translucidamente uma filosofia toda.

A esfera foi objeto de espanto filosófico. Pensavam os primeiros filósofos que o universo era formado por esferas de cristal concêntricas, girantes, onde estão as estrelas. Deus é um geômetra. Como poderia ter ele criado o universo a não ser a partir da figura geométrica perfeita? O espantoso é que essas esferas, no seu giro, produzem música... Se o universo tivesse sido construído à semelhança do cubo, ele seria cheio de planos, linhas retas e ângulos. Na esfera não há ângulos. E a expressão musical dessa perfeição é o canto gregoriano em que os encadeamentos estão todos em equilíbrio.

A se acreditar no místico Jacob Boehme, que dizia que a única coisa que Deus faz é brincar, compreende-se que a esfera, objeto geométrico perfeito, seja a que mais se presta a ser transformada em brinquedo. Bolhas de sabão, bolas de gude, de boliche, de bocha, de bilhar, de sinuca, de basquete, bexigas coloridas, bolas de vôlei, de beisebol, de futebol... Lembrei-me de uma tela em que o Menino Jesus, no colo de sua mãe, tem nas mãos uma esfera: o Deus-criança brinca com o mundo! Que jogo ele jogará?

As crianças, em virtude de sua mania de ir andando e chutando o que encontram pelo caminho, logo perceberam que os melhores objetos que se prestam ao chute são os esféricos. É melhor chutar uma laranja que um galho. É melhor brincar de jogar laranjas que brincar de jogar pedras. Depois de grandes, as crianças continuaram. E foi assim, sob a inspiração da esfera, que surgiu esse jogo chamado futebol, cerca de 3000 anos a.C., na China.

Era um jogo de guerreiros. Na ausência de informações históricas o escritor pode valer-se de sua imaginação para reconstituir o que acontecia. Tratava-se de celebrações religiosas, oferecidas aos deuses pelas vitórias contra os exércitos inimigos. Minha imaginação vê a cena. De um lado, o time dos Tigres. Os nomes tinham de ser ferozes. Do outro, os Águias. O estádio cheio, os torcedores aos gritos como hoje, os reis, os sacerdotes, os militares.

Lá estão os jogadores no campo, à espera do início. O juiz faz soar o gongo. Como o apito ainda não havia sido inventado e o gongo sabidamente é um instrumento da China, o juiz, ao invés de ter um apito na boca, tinha um minigongo nas mãos que fazia soar sempre que a ocasião aparecesse. Estabelecia-se um silêncio absoluto. Aí então ele dizia em alta voz: "Boleiro, produza uma bola". (A função de produção de bolas em campo não mais existe, posto que as bolas agora são feitas em fábricas.)

O boleiro se encontrava assentado num banco, ao lado de dez homens. Esses homens eram prisioneiros de guerra que seriam homenageados pela sua bravura. (Até mesmo os inimigos merecem respeito.) O boleiro, que trazia à cintura uma espada reluzente, adiantava-se com um dos prisioneiros, conduzia-o até o meio do campo. Chegado ao meio do campo, o prisioneiro se curvava em ângulo reto, e o boleiro, com um golpe perfeito, cortava sua cabeça, que caía no chão. O público explodia em urros. Aí quatro sacerdotes tomavam o corpo sem cabeça e o conduziam a uma pira que ardia e ali o colocavam como holocausto, oferenda aos deuses.

Que gloriosa maneira de morrer! Por aquele ato sagrado o prisioneiro era libertado das correntes que o prendiam e transformado num pássaro que ascendia aos céus sob a forma de fumaça.

Terminadas as preliminares sagradas, iniciava-se o jogo. Chutes pra lá, chutes pra cá, a cabeça do guerreiro tinha pouca duração. O juiz fazia soar seu gongo, chamava o boleiro, e tudo se repetia. Os jogos não eram medidos por tempo, posto que os cronômetros ainda não haviam sido inventados. Os jogos eram medidos por número de cabeças a serem cortadas. Enquanto todas as cabeças não fossem cortadas, o jogo não terminava.

Aí veio um tempo de paz. Cessaram as campanhas bélicas. Houve escassez de cabeças. O jogo experimentou um lamentável declínio, com conseqüências tristes para a alma do povo. A guerra faz bem à alma. A guerra faz emergir os instintos mais fortes que moram nos homens. Um torcedor possuído é um guerreiro! O povo ficou triste.

Imagine esta idéia louca, impossível: que, de repente, por um ato mágico, demoníaco, desaparecessem todas as bolas! Desapareceriam também os times de futebol. Desapareceriam os campeonatos. Sobre o que os homens iriam falar? Que paixão os faria vibrar? Durante a semana não haveria o que esperar! Pois não é a espera do próximo jogo que dá sentido à vida? Seria o tédio.

Esgotadas as cabeças decapitadas, a solução-salvação veio de um menino. Ele estava num matadouro vendo um boi sendo estripado. Notou sua bexiga, abandonada no chão. Curioso, aproximou-se. Era uma bolsa vazia. Ele pegou a bexiga, lavou-a e encheu-a de ar. Percebeu então que ela era um brinquedo divertido, boa para ser chutada, pulava. E foi assim que o objeto lúdico do jogo foi transferido das cabeças cortadas para a bexiga dos bois, graças a um menino! A bexiga bovina cheia de ar é o ancestral mais antigo da atual bola de futebol.

Então, ao ver a bola rolando no campo, deixe-se levar pela fantasia. O juiz toca o gongo. "Boleiro, produza uma bola...". E assim se inicia o jogo mais apaixonante do mundo!

3

Futebol e Poesia

As razões pelas quais se torce por um time de futebol continuam a ser um mistério para mim. Por que esse time e não aquele? Por que o Flamengo? Por que o Palmeiras? Por que o Corinthians? Minha busca foi infrutífera. Não consegui descobrir as razões que levam uma pessoa a se apaixonar por um time. Parafraseando o místico Angelus Silesius, escrevo: "O torcedor não tem porquês. Ele torce porque torce...".

Torcedores são seres apaixonados. Por sua paixão eles gritam, choram, brigam, matam, morrem do coração. Ao ponto de as torcidas com freqüência se tornarem hordas assassinas.

Ao se torcer por um time, o que é que se está amando? Os jogadores do time? Não. Jogadores não são torcedores. Torcedores são apaixonados puros que jamais trocam de time, ainda que seu time esteja em último lugar na classificação. Os jogadores, ao contrário, trocam de time pela vil razão do dinheiro. Se um outro time lhes oferecer um salário maior, eles trocarão o time pobre pelo time rico. O que prova que eles não jogavam por amor ao time em que jogavam. Apenas vendiam suas habilidades pelo salário que recebiam. Um torcedor mudaria de time por dinheiro? A psicologia do torcedor nada tem a ver com a psicologia do jogador. A psicologia do torcedor é o oposto da psicologia do jogador. O torcedor é um amante fiel. Jamais trai. O jogador, ao contrário, é um traidor em potencial. Está sempre de olho num outro "caso amoroso".

Então, ao se torcer por um time, não é pelos seus jogadores que se está torcendo. Eles não são seres confiáveis. Será que o objeto da paixão do torcedor são os cartolas, os donos do time? Mas é claro que não! Freqüentemente a paixão por um time vai lado a lado com uma raiva pelos seus cartolas.

Torce-se, então, por quais razões? A única razão que resta é o nome. Torce-se pelo nome do time. Da mesma forma como se vicia em cocaína, vicia-se em um nome. O nome é o gatilho que dispara o êxtase. A torcida grita o nome, o nome entra na veia, a adrenalina circula no sangue, o coração dispara, os pulmões gritam, e no céu estouram os fogos de artifício.

Mas esse nome tão poderoso é como um bolso vazio. As coisas que estão dentro do bolso – jogadores, cartolas, técnico – podem ser trocadas à vontade. Esses entes nada têm a ver com a paixão do torcedor. O torcedor torce por um simples nome... Você não acredita. Refuga. Recusa-se a crer que torce apenas por um nome. Um nome, ora...

Vou lhe contar um estória verdadeira, acontecida com meu sogro, alemão recém-chegado ao Brasil como imigrante. Era filho de um pastor adventista. Como você deve saber, os adventistas são gente que leva a Bíblia a sério e, por causa disso, abstêm-se de comer os alimentos que as Sagradas Escrituras proíbem. Pois o meu sogro, além de obedecer a todos os tabus alimentares da sua religião, tinha um tabu particular: não comia miolo, detestava miolo, embora nunca tivesse comido miolo. Pois um dia ele foi convidado a jantar numa casa de cerimônia. O prato mais delicioso do jantar foi couve-flor empanada, que estava deliciosa. Comeu e repetiu com prazer. Ao final, barriga cheia, ele dirigiu um elogio à anfitriã:

– Essa couve-flor empanada estava divina!

A anfitriã o corrigiu:

– Não é couve-flor empanada... É miolo empanado...

Muito embora boca e estômago tivessem aprovado a "coisa" com o nome de "couve-flor", ao ouvir a palavra *miolo,* boca e estômago reagiram imediatamente: ele teve de correr para o banheiro e vomitou tudo...

O que é que ele vomitou? O que o fez vomitar não foi a "coisa", foi a palavra... Ele vomitou palavras. Bem disse Jesus que não nos alimentamos apenas com comida; nós nos alimentamos com palavras...

Isso vale para tudo. Vale também para o amor. Milan Kundera, no seu livro *A insustentável leveza do ser,* diz que o amor começa quando ligamos uma metáfora poética ao nome de uma mulher. Então, não é a mulher que amamos; amamos a metáfora poética que ela carrega.

Isso que escrevi tem a ver com poesia... Você nunca pensou que, ao gritar o nome do seu time, você estava gritando uma metáfora poética. É por isso que você ri, é por isso que você chora ao ouvir esse nome... Sem saber, você torce pela poesia... Quanta poesia se encontra neste nome tão curto: *Brasil...*

4

Futebol e religião

Embora os doutores da Igreja ainda não tenham se dado conta da gravidade da situação, é inquestionável que o jogo de futebol tem profundas implicações teológicas, algumas delas beirando à heresia.

Dei-me conta das relações entre futebol e religião quando, jovem ainda, estudava num seminário protestante. Embora eu nunca tivesse sido bom de bola – cabecear uma bola que caía das alturas era coisa que me aterrorizava –, era um torcedor fiel do time do seminário. As partidas eram sacramentadas com um prelúdio litúrgico antes que o juiz soprasse o apito. Os dois times reuniam-se no meio do campo e os jogadores, cabeça baixa, contritos, oravam. Embora eu me encontrasse longe e nunca tivesse ouvido os pedidos que eram feitos, uma coisa era clara: Deus estava presente. Estava sendo invocado para supervisionar o jogo. Se Deus era invocado, então o jogo de futebol estava em suas mãos e, tivesse Dante vivido em nossos tempos, sua *Divina Comédia* teria um capítulo dedicado ao futebol.

Protestantes, orava-se ao único Deus todo-poderoso que não admite despachantes espirituais de segundo escalão. Ele mesmo cuida de todas as coisas. Seria impróprio pedir-lhe que favorecesse um dos times. Que vença o melhor!

Diga-se de passagem que, embora não se fizesse esse pedido, estava teologicamente implícito que Deus é que determina o resultado do jogo, posto que, sendo onipotente, não é concebível imaginar que um gol pudesse acontecer sem que o fosse por sua vontade. Tudo o que acontece, acontece porque Deus quer. O jogo, vivido pelos jogadores e pela torcida como algo a ser resolvido no futuro, nos noventa minutos que se seguiriam, era a coisa vista do lado de cá. Mas, visto do lado de lá, *sub specie aeternitatis*, com os olhos de Deus, que é onisciente e onipotente, o placar já estava definido. A divina decisão já estava feita. Isso está de acordo com a consoladora doutrina da dupla predestinação que afirma que tudo o que acontece de maravilhoso ou de horrível acontece porque Deus assim o quis.

Iniciada a partida, os jogadores se esqueciam da oração e dos olhos atentos de Deus, e não era infreqüente que a partida degenerasse em brigas e palavrões.

Isso, no campo de futebol de um seminário protestante! Mas no mundo profano as coisas são diferentes. Que uma partida de futebol é um evento religioso não resta a menor dúvida. Nunca vi visita de papa ou milagre de santo que provocasse entusiasmo tamanho. Entusiasmo, como se sabe, é uma palavra sagrada que quer dizer "ter um deus dentro de si". E os torcedores realmente devotos terminam num estado de transe semelhante ao que acontece nos terreiros de candomblé.

Os preparativos religiosos para a partida começam muito antes. Acendem-se velas, rezam-se novenas, fazem-se despachos em encruzilhadas. Os jogadores, ao entrarem em campo, benzem-se, fazem o sinal da cruz, beijam santinhos, rezam baixinho, o mesmo acontecendo com a torcida.

É óbvio que, às almas religiosas, as hostes divinas, em número maior que o de torcedores presentes, enchem os espaços do estádio. Se assim não fosse, de que adiantariam as invocações e promessas? Os anjos nos seus vários níveis, azuis e amarelos, serafins, querubins, interrompem a atividade que os ocupará por toda a eternidade, qual seja, a de cantar o "Sanctus" e os "Améns" (no céu todos estão de acordo permanentemente), abandonam o coro para assistir a uma partida, comendo algodão-doce feito de nuvens. Até Deus fica feliz. Como é boa a trégua no canto gregoriano!

Treinada nos mistérios rigorosos da teologia, minha mente vacila. Não consigo prever as convulsões celestiais que um jogo de futebol poderá provocar. Deus vê o jogo, é claro, pois ele é onisciente. Mas o que importa é a pergunta: ele torce ou não torce? Grita "goool"? Jogadores e torcedores afirmam que os santos se intrometem, dando uma ajudazinha para fazer com que a bola fraca se desvie no zagueiro e engane o goleiro. "Obrigado, meu santo Expedito! Obrigado, padim padre Cícero! Foi por Deus!" O futebol está cheio de sinais de milagres. Quem assiste a uma partida de futebol não precisa ir a Fátima.

Imaginemos, ao contrário, que Deus fique de fora, não interfira. Nesse caso a partida fica sendo um evento durante o qual a onipotência divina está desativada no campo. Coisas acontecem sem que Deus queira! Mas, se algo acontece sem que Deus queira, onde está sua onipotência? É como se Deus deixasse de ser Deus. E isso é impensável. É heresia.

E se torcedores de times diferentes invocam o mesmo santo pedindo a vitória? Como é que esse santo vai tomar a decisão? Protegerá o time de que é torcedor? Ou se valerá do recurso de "cara ou coroa"?

E as entidades celestiais? Formarão torcidas, cada uma torcendo por um time? Nesse caso a divina harmonia do universo estaria rompida. Os céus... terão eles se tornado um hospício habitado por grupos esquizofrênicos que torcem por times diferentes?

Todas essas questões passam pela cabeça de um teólogo. E ele teme que, numa simples partida de futebol, o destino do universo esteja em jogo. Afinal de contas, como todo torcedor sabe, cada partida de futebol é uma luta entre os exércitos celestiais e as hostes infernais...

5

Futebol e sadismo

Eu nunca fui bom de bola. Por isso foi uma surpresa quando recebi o telefonema:

– É o Rubem Alves?

– Sim.

– Sou repórter. Meu jornal está fazendo uma pesquisa. Seu nome foi um dos escolhidos para responder a uma pergunta sobre futebol.

Estremeci, com medo de mostrar minha ignorância de nomes e detalhes.

– E a pergunta qual é? – perguntei.

– É a seguinte: Acha que time do Brasil deve jogar futebol eficiente e feio que faz gols ou jogar futebol bonito que é arte?

Suspirei aliviado. Não entendo de nomes e detalhes, mas sobre essa pergunta tenho opiniões precisas, que comecei a formar quando uma paciente me fez uma observação surpreendente. A gente falava sobre humor e desenhos animados. Ela chamou a minha atenção para o fato de que, nos desenhos, a gente só ri em situações sádicas. É quando o Tom cai na piscina vazia e se quebra como se fosse vaso. Ou um piano lhe cai em cima, e ele sai andando feito caranguejo. Ou quando o rolo compressor o transforma em panqueca. Desenhos bonitinhos e bonzinhos como os dos Smurfs não fazem rir. Para haver riso, é preciso que o vilão se ferre.

É claro que a gente sabe que, depois de se partir em mil cacos, o Tom vai reaparecer, na cena seguinte, forte e mau como sempre, sem apresentar quaisquer sinais do sucedido anteriormente. E, depois de ser reduzido à condição de caranguejo ou de panqueca, ele vai estar logo em ação de novo, pois, caso contrário, o desenho acabaria.

Pensei, então, que a gente dá risada quando o vilão se ferra, mas não de forma definitiva. Ele se recupera sempre para ser ferrado de novo e de novas formas, para que o riso se repita.

Desde então fiquei brincando com a hipótese de que a alegria do futebol é parecida. Ela acontece quando a gente tem a chance de realizar um desejo sádico sobre o adversário, que é sempre o Tom na estória.

– Agora veja: o jogo foi pura arte, um maravilhoso espetáculo de balé! Os passes, sob medida; as fintas, geniais; as articulações, com a precisão de teoremas; a técnica dos jogadores, semelhante à de Nureyev. Só que terminou 0 a 0. Você acha que os torcedores sairão pela rua cantando e gritando: "Que bonito foi! Que bonito foi!"?

– Claro que não – ela respondeu.

– Pois é – continuei –, ninguém assiste ao futebol para ter experiências estéticas. Quem quer ter experiências estéticas vai ao teatro. A gente assiste ao futebol para a indescritível felicidade de ferrar o adversário, de fazê-lo sofrer. Pois você há de concordar: um gol, que é felicidade para quem faz, é dor para quem leva. A excitação do futebol existe na dialética entre o gozo e o sofrimento.

– Eu nunca havia pensado nisso – ela disse em estado de confusão.

– Pois é, existe até uma escala de gozos e de sofrimentos. Por exemplo: fazer um gol contra a Suécia pode dar prazer, mas o prazer não é muito grande. É um povo tão bom, tão branco, tão louro, tão simpático. A gente não tem nada contra eles. Melhor seria não fazê-los sofrer. O que não é o caso da Argentina. Ah! Que prazer divino é fazê-los sofrer, especialmente sabendo que eles pensam o mesmo da gente. O prazer de um gol contra a Argentina vale cem vezes mais o prazer de um gol contra a Suécia. Um gol da Argentina dói também cem vezes mais...

– Sabe? – continuei –, vou lhe dizer isso quase como uma confidência. É do jeitinho da psicologia do estuprador. O que o estuprador quer não é o prazer sexual. Se fosse só isso, seria fácil: ele iria à zona ou arranjaria uma namorada. Mas nem a prostituta nem a namorada podem lhe dar o prazer que ele deseja. A prostituta e a namorada permitem a penetração e podem até gostar. Mas não é esse o prazer que ele quer. Ele quer é o sentimento de força e poder: entrar pela força, como ladrão, arrombando a porta, vencendo os esforços desesperados da outra pessoa para que isso não aconteça. Pois o gol não é isso? Enfiar a bola lá dentro daquele estreito espaço que o outro time inteiro quer guardar a todo o custo. O primeiro gol equivale a um defloramento. É o prazer de entrar, é o prazer de fazer o outro sofrer. Futebol-arte só é bonito quando o time da gente está ganhando e serve para humilhar ainda mais o adversário. Quem diria que o gozo no futebol tem a ver com a realização de impulsos sádicos e perversos?

Mas tenho de terminar essa crônica. O Brasil joga daqui a pouco. Tudo já está preparado. A bandeira já está pendurada. Já sinto o cheiro das pipocas. Até dispensei os meus clientes. Também eu tenho direito às liturgias sádicas deste ritual religioso que é o futebol. Vou sofrer e gozar. Mas sei que, no final, todos os Toms ressuscitarão. Ressurgirão, belos e lampeiros, em seus uniformes brilhantes, na próxima Copa, como se nada tivesse acontecido. Tudo é desenho animado.

6

Futebol e torcida

A imaginação ajuda a razão a pensar. Assim procede um jogador de xadrez: ele imagina os movimentos possíveis do seu adversário para fazer o seu movimento.

Imaginemos, então, ainda que o imaginado seja impossível. Imaginemos que os deuses lhe apresentem fotografias de vinte mulheres (se você for mulher, fotografias de vinte homens...) que você nunca viu e não conhece. Aí os deuses lhe dizem: "Escolha a mulher pela qual você ficará apaixonado pelo resto de sua vida...". Note que, nesse momento, você não sente coisa alguma por nenhuma delas. Elas lhe são indiferentes. Mas os deuses ordenaram, e você tem de obedecer. Você vai examinando as fotografias, uma a uma. Há mulheres de vários tipos: morenas, loiras, ruivas, magras, rechonchudas, sérias, sorridentes, atléticas, frágeis... Embora você não conheça nenhuma delas, sua decisão irá tomando forma a partir de certos indícios (na maioria das vezes, enganosos): cor dos cabelos, semelhanças com mulheres conhecidas, jeito de olhar. Seu inconsciente, sem que você se aperceba, irá determinando suas preferências. E pode ser que sua decisão venha a ser uma grande asnice. A imagem é só enganação, isca...

Imaginemos agora uma situação nunca vista, absurda. Você acaba de chegar de uma tribo de índios no interior da selva amazônica onde você vivia nu, sem contato algum com a civilização. Aí você é confrontado com vinte bandeiras diferentes, e o representante da Funai, falando língua de índio, lhe ordena: "Índio agora é homem civilizado. Homem civilizado gosta de futebol. Futebol é jogo de homens civilizados. Vinte e dois homens correm atrás de uma bola. O juiz toca o apito. Índio civilizado tem de ficar apaixonado por um time de futebol. Índio civilizado tem de torcer por um time de futebol, tem de escolher agora a bandeira do seu time de futebol. Índio civilizado vai ficar apaixonado por esse time pelo resto de sua vida".

Você imagina que as duas situações são semelhantes: as vinte mulheres, as vinte bandeiras... Não são, não. No caso das vinte mulheres, as fotografias lhe oferecem pistas para uma experiência de amor. Mas no caso do índio... não existe nenhuma razão para escolher uma bandeira. Claro, para o torcedor apaixonado a bandeira do seu time é a mais linda do mundo. Mas o índio nem sabe o que é futebol...

Com essa situação imaginária quero entender o segredo da decisão inicial, aquela em que a pessoa diz: "Sou torcedor do ..... (nome do time). Eu amo o ..... (nome do time)".

O melhor exemplo é o meu amigo Gustavo Bolliger, fanático pela Ponte Preta. Por que razões ele torce pela Ponte Preta? Como se iniciou o seu amor? O que o fez tomar a decisão? Não é a bandeira. Não é o nome. Nem é o desempenho do time. Se fosse o desempenho do time, só os grandes times teriam torcedores. Lembro-me de um amigo torcedor de um timeco que perdia sempre. Ele sofria que sofria... mas não mudava de time. As poucas vezes que seu time ganhava compensavam tudo.

Aqui vai minha resposta que, acho, nenhum conhecedor de futebol ou torcedor jamais imaginou: o torcedor não se apaixona pelo time; ele se apaixona pela torcida do time. O time é só o cabide onde a torcida está dependurada.

O que nos ajuda a entender o segredo dessa escolha é a psicologia das religiões de massa. O que é decisivo na decisão do fiel não é a doutrina. Quantos religiosos estão conscientes dos meandros sutis das doutrinas? Os detalhes do *filioque* – traduzindo: se o Espírito Santo vem só do Pai, ou do Pai e do Filho! (Essa questão deu grande briga na história da Igreja cristã!) Se a salvação vem da fé ou das obras. Se Deus e os salvos, nos céus, se alegram vendo os perdidos sofrendo nos infernos. (Eles têm de se alegrar. Pois, se ficarem tristes, é porque a vontade de Deus não se realizou. Deus falhou... Mas, se Deus falhou, ele não é onipotente. E, se ele não é onipotente, não é Deus.) Se os pobres são pobres e há criancinhas que nascem aleijadas por exigência da lei do carma, a fim de que paguem pecados de encarnações anteriores. Se a riqueza e a saúde são recompensas de virtudes de outras vidas... Os ricos e os saudáveis têm mais méritos?

Essas e muitas outras questões pertencem ao universo teológico da fé e da ortodoxia. Mas não são tais questões que tornam uma pessoa um católico, um protestante ou um espiritualista. As pessoas não se ligam a uma religião por razões intelectuais. Elas se ligam a uma religião por razões afetivas. É a experiência social – todos juntos rezando, todos juntos com as mãos levantadas, todos juntos chorando, todos juntos cantando, todos juntos confessando os seus pecados – que cria o entusiasmo religioso. A vida é uma luta contra a solidão. É melhor ser pecador junto que ser justo sozinho. Os nomes sagrados – Deus, Virgem Maria, Bíblia – são apenas cabides, isso mesmo, cabides onde centenas, milhares, milhões de pessoas se dependuram.

Digo que essa experiência religiosa de solidariedade é exatamente idêntica, do ponto de vista psicológico, à experiência de pertencer a uma torcida. Você já viu um enxame de abelhas num galho de árvore? O fato de estarem todas elas no mesmo galho da árvore não quer dizer que elas amem o galho. Estão no galho só para poderem estar juntas... O time é o galho onde se ajuntam os torcedores... para estarem juntos... Uma torcida que vibra, grita, chora, briga, é uma explosão de emoções comuns, de solidariedade. A torcida é movida a entusiasmo – ela tem um deus dentro de si. Um torcedor nunca está sozinho. Mesmo na derrota ele sabe que há milhares de torcedores chorando com ele, como se fosse uma torcida invisível. E ele se sente grande, muito grande, do tamanho da torcida, uma abelha no bolo de abelhas penduradas no mesmo galho...

Minha sogra não conseguia entender as razões por que as pessoas preferem tomar cerveja em bares a tomar cerveja em casa. "É muito mais econômico tomar cerveja em casa. Cerveja comprada no supermercado é mais barata. E o gosto é o mesmo. No bar é mais cara..." Ela não percebia que não há coisa mais chata que tomar cerveja sozinho. Toma-se cerveja não é por causa da cerveja. Toma-se cerveja porque ela é um sacramento de fraternidade, uma desculpa para se estar junto. Até mesmo cerveja ruim é boa se se está junto.

As razões por que uma pessoa se torna torcedora de um time são idênticas às razões por que uma pessoa bebe cerveja. Não é pelo time que uma pessoa se torna torcedora daquele time. Não é pela análise da estética da sua bandeira. Não é pela poética do seu nome. Nem é pela superioridade técnica daquele time. Superioridades técnicas são efêmeras. Campeão num ano pode ser lanterninha no outro. O que não afeta a paixão do torcedor... O torcedor, embora não saiba disso, não torce pelo time. Ele é torcedor... da torcida. Porque é a torcida que alimenta sua paixão. Se não fosse assim, ele ficaria em casa e veria o jogo pela televisão, sem os inconvenientes de chuva, sol e briga que há no campo. Por que se vai ao campo? Pelo entusiasmo, pelo arrebatamento religioso, pelo orgasmo coletivo quando um gol acontece, pelo choro coletivo quando se leva um gol. É o entusiasmo e a unidade da torcida que o tornam um torcedor. Na torcida ele deixa de ser um indivíduo isolado. Como indivíduo, ele desaparece. Passa a pertencer a algo muito maior do que ele: à torcida. Na Igreja medieval a unidade era experimentada no canto gregoriano, em que todos cantavam a mesma coisa. No futebol a fraternidade é experimentada no grito comum de "gol" que brota espontâneo, sem necessidade de um regente que dê a ordem...

7

Futebol e Guerra

"*Apoteose*: entre os antigos, cerimônia de divinização, especialmente dos imperadores romanos; inclusão de alguém entre os deuses, em função de suas qualidades [...]".

É isso que está escrito no *Dicionário Houaiss da Língua Portuguesa*. Apoteose é, assim, um momento extraordinário, que liga os homens aos deuses. Na apoteose os participantes se enchem de entusiasmo que, como se sabe, é o estar embriagado com os poderes da divindade.

Chegara, finalmente, o dia da apoteose. Ele fora preparado com cuidado inigualável, e para ele se construíra um templo onde se reuniriam duzentas mil pessoas: o Maracanã.

Não havia dúvidas: o Brasil seria o vencedor. O desempenho anterior da seleção, derrotando todos os adversários, o comprovava. Flávio Costa, o treinador, já dera as instruções finais. O jogo teria de ser um evento impecável, sem violência, beleza pura. Havia o Bigode, jogador-muralha que não deixava passar ninguém. Se passasse na técnica, ficaria estendido no chão pelo tranco. "Nada disso!", ordenou-lhe o técnico. "Não ganharemos no bruto. Ganharemos no bonito."

Tudo estava preparado para a celebração. O Brasil inteiro paralisado, ouvidos nos rádios. Em cada casa as cervejas e batatinhas fritas de sempre, além do arsenal de foguetes e fogos de artifício. O país inteiro antecipava o orgasmo.

Duzentas mil pessoas gritando "Brasil, Brasil, Brasil". Tocam-se os hinos nacionais. O adversário, seleção de um país pequeno, o Uruguai. Chegara à final. Já era premiação suficiente.

De todas as bocas e de todos os corações saía um único pedido aos santos católicos, aos orixás do candomblé, ao Deus protestante, aos espíritos de luz do espiritismo. O ecumenismo que os teólogos nunca conseguiram promover, ali se realizou, no templo do futebol!

O juiz apita dando início ao jogo.

Acontece que os uruguaios tinham um tal de Obdulio Varela em campo, um velho de 42 anos de idade, incansável, gigante, em todos os lugares, vendo tudo, cantando as jogadas... Veio o atacante uruguaio, diante dele o Bigode pronto a se muralhar com um tranco, mas se deteve – lembrou-se das instruções do técnico, o jogo tinha de ser um jogo de cavalheiros –; ele se *cavalheirou*, reteve o tranco, o atacante uruguaio passou, o Barbosa não segurou a bola e foi bola na rede.

Nunca houve um silêncio tão grande, só comparável ao silêncio que houve no céu quando foi aberto o Sétimo Selo, segundo o livro do Apocalipse. Duzentas mil pessoas em silêncio. O único som que se ouvia era a voz trêmula dos locutores, eles tinham de falar alguma coisa. Lembro-me como se fosse hoje: "Gol, senhores ouvintes... Gol...".

Não houve apoteose. A seleção não foi divinizada. Os torcedores não ficaram embriagados de entusiasmo. Deuses, santos, orixás, espíritos de luz: todos foram mais fracos que o Obdulio Varela. Sopraram-se as velas que ainda ardiam, e choravam com a cera derretida que escorria. Os foguetes voltaram intactos. O Rio de Janeiro ficou em silêncio. O tráfego, sem que ninguém ordenasse, assumiu velocidade de velório. Nenhuma buzina. Silêncio igual nunca ouvi. Nem na procissão do enterro pela morte de Nosso Senhor Jesus Cristo, nem na morte do Francisco Alves, nem na morte do Getúlio Vargas, nem na morte do Ayrton Senna...

Foi muito triste. Agora, passados mais de cinqüenta anos e já sem tristeza, eu me pergunto: Qual é o feitiço do futebol? Por que ele se torna objeto de tanta paixão, de tanto riso e de tanta tristeza? Objetivamente falando, não deveria ser assim, porque tudo é uma ciranda rodando, rodando... times ganham o campeonato, times perdem o campeonato... Passada a euforia da vitória, todos os times voltam à estaca zero, porque o futebol não leva a lugar algum. Que coisa mágica há neste "não leva a lugar algum" do futebol que faz com que uma nação inteira se una na alegria de uma vitória ou na tristeza de uma derrota?

Acontecesse só no Brasil, poder-se-ia dizer que se trata de uma idiossincrasia nossa, como o Carnaval. Mas a paixão pelo futebol é universal. Ultrapassa línguas, religiões, ideologias, países. Acontece no Chile, na Argentina, no Uruguai, em Portugal, na Espanha, na França, na Inglaterra, na Itália, na Alemanha, na Rússia, na Grécia... Se não me falha a memória, já houve até uma guerrazinha por causa do futebol. Estou picado por essa curiosidade de psicanalista, de psicologia das massas.

Há tantos esportes bonitos! O voleibol. O tênis. O basquete. As corridas de Fórmula 1. Mas esses esportes não criam torcidas. Na hora em que estão acontecendo, até que aparece uma torcida, mas ela logo se esvai. A gente fica triste quando perde no tênis, no vôlei, no basquete, na Fórmula 1. Mas ninguém se deprime por isso.

E há tantas causas tocantes que deveriam provocar paixão maior: as crianças de rua, os milhões que morrem de fome, a preservação das florestas e dos rios, a guerra e os seus horrores. Já viu o filme *Hotel Rwanda*? Nem genocídios de milhões provocam emoções tão fortes. Parece que as causas mansas não são capazes de capturar o coração das massas.

Há muitos anos li um livro, *Report from the Iron Mountain* [Relatório da montanha de ferro]. Trata-se de um relatório, não sei se fictício ou não, de uma comissão de especialistas que o governo norte-americano reuniu para responder à seguinte questão: Que rumos deverá tomar a economia americana se houver um período de paz, sem ameaça de guerra, no mundo? A resposta da dita comissão foi que os períodos de paz não fazem bem à economia. Os estímulos da paz não são capazes de motivar nem a inteligência nem as ações dos homens. Seremos seres cujos impulsos mais fortes só aparecem em situações de guerra? Ah, se fosse possível colocar as emoções do futebol nessas causas... Mas parece que não é.

Será que o segredo da paixão que o futebol provoca está em que ele tem o poder de fazer existir no campo, de forma ritual, uma situação de guerra? Não sei. O enigma fica sem solução. Fico à espera de alguém que tenha idéias melhores do que as minhas.

8

Futebol e matemática

Ele tinha uma cabeça matemática. Engenheiro. Seu prazer, nas manhãs de sábado, quando todo o mundo estava jogando bola, era ficar em casa dando tratos à bola, resolvendo problemas de matemática. Os presentes que ele mais amava eram livros com problemas de matemática, problemas cabeludos. Sentia, ao resolver um problema, o mesmo prazer que sente um jogador ao fazer um gol.

Mas o fato de ele ser um craque na matemática não lhe bastava. Havia um profundo sentimento de inferioridade a corroer seu ego. A razão era a seguinte. Seu pai era um torcedor fanático. Ah! Como gostaria de ser um grande jogador! Não conseguira, mas o sonho continuava vivo. E, como é bem sabido, os pais se especializam em jogar seus sonhos sobre os seus filhos. Um filho seu seria um grande jogador! Na porta do quarto da maternidade – lá dentro um inocente menininho de cara enrugada e olhos fechados –, uma camisa do Palmeiras! Embaixo estava escrito: "Mais um torcedor do Palmeiras". Seu pai, contrariando a mãe que desejava dar-lhe o nome do avô, deu-lhe o nome de um grande craque, não me lembro qual. A "doutrinação" começou muito cedo.

Sem nada entender, ele se acostumou com a música das transmissões dos jogos pela televisão. Seu pai logo lhe ensinou que os verdes eram os bons e todos os outros eram maus. Mas, à medida que o menino crescia, o pai ia ficando aflito. O menino era gordinho. Corria devagar. Preferia ver figuras a ver futebol. E as suas pernas eram tortinhas. Teve inclusive de usar botas ortopédicas. Até que chegou o momento de colocá-lo na escola Chuteira de Ouro. Lá foi ele, gordinho, tortinho, sem jeito, para o meio da meninada. De fora, o pai olhando. Foi um desastre. Era sempre colocado como goleiro, que é o destino dos pernas-de-pau. Logo o pai perdeu as esperanças. Olhava para o menino com raiva e tristeza.

Mas, felizmente, ele tinha um outro filho, magro, musculoso, esperto, de pernas retas. Esse, sim, nascera para o futebol. Vendo-o jogar, o rosto do pai se transformava. Era a realização do seu sonho. Bem que ele lutara para ser jogador de futebol. Mas era míope. Só enxergava a bola quando ela estava pertinho. Não conseguia ver o campo todo de uma vez.

Assim, muito cedo, antes de aprender a teoria dos conjuntos na escola, nosso matemático aprendeu na prática que havia um conjunto ao qual pertenciam seu pai míope e seu irmão de pernas retas, ao qual ele não pertencia. Ele estava de fora.

Havia algo que o ligava a seu irmão: ambos usavam a cabeça. Com uma diferença: o irmão usava a parte de fora da cabeça. Ele usava a parte de dentro da cabeça. Mas seu pai não se interessava pelos jogos jogados dentro da cabeça.

O filho de pernas tortas, cansado de mendigar atenção do pai, dedicou-se aos estudos. Adorava matemática. Mas os triunfos na matemática não compensavam o trauma fundamental. O pai não era culpado. Certamente só conseguira ser bom no futebol como torcedor. E há essa coisa de os pais quererem se realizar nos filhos. Coitados dos filhos... Veja o que aconteceu com o moço que queria ser artista de teatro no filme *Sociedade dos poetas mortos*! Preferiu dar um tiro na cabeça a realizar o desejo do pai.

Procurou um psicanalista. As sessões se sucediam, e a terapia não saía do lugar. Não passava da linha média. Não fazia gol. Até que um dia ele chegou radiante para a sessão e relatou: "Nas manhãs de sábado meu prazer é resolver problemas de matemática. Cada problema resolvido é um pato morto, aqueles que giram nos estandes de tiro dos parquinhos. No último sábado fiz o que sempre faço: peguei um livro de problemas de matemática. Mas... oh desgraça! Todos já estavam resolvidos. Fui passando página a página até que encontrei um que eu não resolvera. Foi a minha felicidade. Agora vou rachá-lo. Rachei! Minha alegria foi tão grande que joguei o livro para o ar e dei-lhe um chute certeiro que o despedaçou em mil pedaços...".

Estava desvendado o trauma! Repentinamente ele viu o que nunca vira, o livro transformado em bola e estraçalhado com um chute certeiro! Gol! Ele compreendeu, então, que com livros se podem fazer muitos gols.

Com essa sessão a terapia terminou.

9

Futebol e saúde

Futebol faz bem à saúde? É duvidoso. De vez em quando um jogador cai morto no meio do campo, touro feroz que a espada da morte traspassou. E de vez em quando um torcedor morre assentado em uma poltrona diante da televisão, o coração traspassado pela emoção.

"Esporte faz mal à saúde", é o que afirmava um professor português da Faculdade de Educação Física da Unicamp. "Nunca vi atleta longevo. Quem vive muito são aquelas velhinhas que se reúnem para tomar chá às cinco da tarde, com bolo coberto de glacê..."

Ele está certo. O esporte é uma violência ao corpo. Ele procura levar o corpo ao seu limite. E tudo o que é levado ao seu limite corre o perigo de se desmanchar. Não acredita? Pegue uma bexiga e vá soprando, soprando, soprando, soprando... Chega um momento, o momento do limite, em que ela explode. Lembra-se daquela atleta suíça, ao fim da maratona, toda entortada pelo esforço absurdo a que seu corpo fora submetido? E aquela velocista norte-americana, recordista mundial dos cem metros rasos? Foi vapt-vupt. Aconteceu com o meu amigo Sérgio Porto, físico famoso. Ao término de um congresso na União Soviética, onde apresentara um *invited paper*, houve uma pelada de confraternização. O Sérgio teve um enfarto e morreu. Por causa de uma bola. O que me traz à memória o meu primeiro professor de alemão, Carlos Zink: morreu de emoção nas arquibancadas do estádio, assistindo a uma partida do time que amava. Cada gol contra o time da gente é uma punhalada. Foi assim que morreu meu primo Nilo. Quando o Botafogo ganhava, ele enchia a cara porque ficava alegre. Quando o Botafogo perdia, ele enchia a cara porque ficava triste. Seu corpo não agüentou tanta tristeza e tanta alegria misturadas aos domingos.

Na juventude fui torcedor do glorioso time da estrela solitária, o Botafogo do Rio. Lembro-me da sua escalação, ano de 1949: Ari, Gérson e Sarno. Linha média eu esqueci. Ataque: Rogério, Tovar, Heleno, Geninho e Ponce de León. O primeiro jogo do Botafogo a que assisti no defunto estádio da rua General Severiano foi um massacre. Coitado do Bonsucesso! Quando o ataque do Botafogo disparava, eu já ficava a tremer, com pena do magro e desengonçado goleiro do Bonsucesso. Comecei a ficar com raiva do Botafogo. Foi então que descobri minha vocação futebolística mais profunda, que é a da "opção preferencial pelos perdedores" da qual os teólogos católicos da libertação se apropriaram como "opção preferencial pelos pobres". Todos os teólogos da libertação, por coerência, devem torcer sempre pelos lanterninhas, em virtude de sua vocação espiritual para o martírio.

Meu amigo Jether Ramalho não é como eu. Velho, não tomou juízo. Continua a ser um torcedor fanático. Até parece o vício de fumar. O médico diz: "Fumar produz enfarto". O fumante continua a fumar. O médico diz: "Ser torcedor de futebol produz enfarto". O torcedor continua a torcer.

Pois o Jether, a despeito das científicas advertências do seu médico no sentido de que não assistisse a partidas de futebol do Botafogo, continuou a assistir. O grau de descompasso emocional desse amigo querido se tornou claro numa brincadeira que fez com os seus netos Emiliano e Tomás, de dez e oito anos de idade.

Eles estavam com seus pais, na Inglaterra. No Brasil os jornais anunciavam a escalação da seleção para o Mundial. Na primeira coluna, a fotografia do jogador. Na segunda coluna, sua função no campo. Na terceira coluna, mais longa, observações sobre as virtudes futebolísticas do dito. Sua esposa Lucília estava de viagem marcada para a Inglaterra, em visita a filho, nora e netos. Pois o Jether fez o seguinte: no lugar de um dos escalados ele colou uma fotografia sua 3 x 4 com as seguintes observações técnicas: Jether Ramalho, goleiro, grande revelação tardia do último campeonato, extraordinário por suas defesas impossíveis etc. Fez uma cópia xerox e mandou para os netos. E lá foi a Lucília para a Inglaterra com presentes para todos. Os netos dispensaram os presentes e se concentraram na escalação. De repente, um grito de espanto:

– Emiliano, o vovô foi escalado... – disse o Tomás.

Seguiu-se um momento de estupefação, quebrado por uma observação do Emiliano:

– Ué, o vovô está de paletó e gravata...

Domingo. Final: Brasil e Alemanha. Pocinhos do Rio Verde, Pousada Tambasco. Todos acomodados na sala de televisão. Eu não. Não sou torcedor de futebol, exceto quando o Brasil joga. Quando o Brasil joga, desaparecem os timecos que brigam entre si no campeonato. Todo o mundo é verde-amarelo. Todo o mundo é Brasil. Eu também. Acontece que não gosto de sofrer. Pedi licença ao dono da pousada para preparar um frango com quiabo, prato mineiro meu favorito, com angu e pimenta. Da cozinha eu ouvia a gritaria. Largava o frango na panela e ia ver o que estava acontecendo na sala de tevê.

O meu horror nas finais da Copa do Mundo é quando a decisão vai para os pênaltis. Não é justo. Se o jogo terminou empatado, é justo que os dois sejam proclamados campeões. Pôr a responsabilidade do campeonato no pé de um jogador é um ato de sadismo. O juiz apita ordenando que o jogador bata o pênalti. Vem ele, uma gelatina por dentro. Ele não pode confiar nem no pé nem na chuteira. Olha os dois imensos vazios à direita e à esquerda do goleiro. É impossível defender um pênalti bem batido. Se ele não fizer o gol, a culpa será toda dele. Olha para o goleiro. Como ele é enorme! O goleiro não tem nada a perder. Se a bola entrar, não é culpa dele. Mas, se ele defender, milhões gritam, e ele se transforma num deus efêmero.

Lembro-me do Taffarel. Onde andará Taffarel? Minha memória está errada ou Zico errou um pênalti que tirou o campeonato do Brasil? Já imaginou o que ele sofreu? Os deuses do futebol são rapidamente esquecidos. Glória seguida de esquecimento é uma receita fatal. Dizem que enlouquece. Garrincha não suportou o esquecimento. Foi o que aconteceu também com o Johnny Weismuller, o primeiro e único Tarzã verdadeiro. Velho, arranjou um emprego de salva-vidas na piscina de um hotel. Aí, durante a noite, ele ia para a janela do seu apartamento e dava aqueles gritos de fazer estremecer elefantes. Mas, como entre os hóspedes não havia elefantes, o jeito foi mandá-lo para um outro lugar, onde morreu... Sabedor desse perigo, o genial Maradona tratou de imortalizar-se por meio do ridículo. O ridículo é inesquecível.

Fiquei fazendo o meu frango com quiabo e rezando reza de ateu. Porque só ateu pode rezar com consciência limpa por uma vitória no futebol. Imagine que Deus existe. Imagine mais, que ele atende às minhas rezas por uma vitória no jogo. Como poderei respeitá-lo? Pois, se ele não atende às incessantes orações do papa pela paz, que é infinitamente mais importante que o futebol... Se ele não atende às orações do seu representante na terra pela paz mundial, seria indigno que ele atendesse aos pedidos de vitória num jogo de futebol.

Por isso rezo como ateu. E, quando o Brasil ganha, é como se Deus também torcesse pelo Brasil – tudo de mentirinha...

Mas o meu frango com quiabo depois da vitória do Brasil sobre a Alemanha não foi de mentirinha... Só lamento uma coisa: que, em vez da Alemanha, não tivesse sido a Argentina. Aí eu colocaria mais pimenta no meu frango com quiabo...

10

Futebol e Política

Imagine uma coisa doida: você vai fazer uma viagem. Para isso você guardou dinheiro o ano inteiro. Quer visitar outros lugares. O trem apita e parte. A viagem é longa. Ao final do dia a viagem chega ao fim. Você olha para fora e se espanta ao ler o nome da estação. O trem está chegando à mesma estação de onde partiu.

Os gregos contavam a estória de Sísifo, um herói que foi castigado pelos deuses com um destino enlouquecedor: foi condenado a passar toda a eternidade rolando uma enorme pedra redonda até o alto de uma montanha só para ver a pedra rolar de volta ao vale tão logo chegasse ao topo. Sísifo tinha então de descer e começar tudo de novo, sabendo que a mesma coisa iria acontecer eternamente. Seu trabalho imenso nunca chegaria a nada. Tinha uma alegria efêmera quando chegava lá em cima empurrando a bola. Durava não mais que uns poucos segundos...

Assim são os campeonatos de futebol. O trem chega sempre à mesma estação para fazer a mesma viagem que levará à mesma estação para fazer a mesma viagem... A torcida do time campeão se enche de risos, solta foguetes, os carros saem pelas ruas buzinando, os torcedores se embebedam numa enorme bacanal. É um orgasmo coletivo. Qual das nossas religiões provoca êxtases que se comparem aos êxtases do futebol? Pena é que todo orgasmo se esgote rapidamente. A pedra rola para o fundo do vale e é preciso recomeçar. Aonde se chega? A nenhum lugar, ao mesmo lugar onde se estava. Ao êxtase segue-se a *murcheza*. ("Murcheza: substantivo feminino; condição do que é murcho, flácido, como uma bexiga furada ou o pênis após o orgasmo".) Mas, a despeito de não levar a nada, nada existe que provoque explosões de emoções tão grandes quanto o futebol.

Emoções fortes são deliciosas! É delicioso estar apaixonado! Mas as emoções fortes, deliciosas, são burras. Das grandes explosões emocionais surgem as grandes loucuras. "A loucura entre os indivíduos é rara", dizia

Nietzsche. "Mas entre as multidões é a regra." O nazismo e o fascismo se fizeram com entusiasmo popular. As Marchas da Família com Deus que precederam a ditadura se fizeram com o entusiasmo popular. Um povo entusiasmado pode ser maravilhoso ou criminoso. As emoções fortes são poderes soltos, demônios desembestados, à procura de corpos onde morar. Essa loucura ataca tanto a direita quanto a esquerda.

Daí se deriva a importância política do futebol. Os romanos diziam que, para controlar as massas, bastava que se lhes desse pão e circo. Pão, todo o mundo sabe o que é. Tanto pode ser um franguinho da Sadia com que se compra o voto de um pobre eleitor, quanto um Vitara, tração nas quatro rodas, com que se compra um burocrata político influente. Circo é tudo o que dá entusiasmo e que não leva a nada. Pode ser Carnaval, procissão, futebol.

O entusiasmo pelo futebol produz claros dividendos políticos. Não é por acidente que muitos políticos sejam, ao mesmo tempo, patrocinadores de times de futebol. Eles sabem que os torcedores votam primeiro no time e em segundo lugar no partido. Assim resumo a teoria política do futebol: "Se pássaros de penas iguais sempre voam juntos, segue-se que torcedores de camisas iguais votam juntos em político de camisa igual". Pontepretano não vota em político bugrino. Palmeirense não vota em político corintiano... A política é uma extensão da torcida.

Isto que vou contar aconteceu no tempo do "era uma vez numa terra distante"... Por dois anos recusei uma medalha que me fora agraciada por uma Câmara dos Vereadores. A razão: para recebê-la, eu teria de apertar a mão de um político corrupto e pessoalmente desprezível que fora democraticamente eleito pela torcida do time de que era presidente. A paixão por um time obscurece a lucidez política e a sensibilidade ética. A democracia tem dessas.

Ano de Copa do Mundo. Quero poder torcer pelo Brasil de alma limpa, enquanto faço o meu frango com quiabo. Mas tenho medo das conseqüências políticas que poderão se seguir a uma eventual vitória do Brasil. Há o perigo de o povo concluir, sob os efeitos da embriaguez da vitória, que foi por causa do governo que a nossa seleção ganhou... Resultado: vota no governo... Sendo esse o caso, eu me vingarei: não tirarei a baba do quiabo e vai ser aquela meleca nojenta que ninguém come...

Emoções se parecem com dinheiro. Devem ser investidas em algo. Imagine que um homem ganhou na loteria um bolo de dinheiro. Ele pode guardar o dinheiro no colchão. Ou investir na Bolsa. Ou usá-lo para pintar a casa. Ou para fazer uma viagem. Ou para oferecer uma grande festa aos amigos, gastando tudo o que ganhou. O entusiasmo mede o tanto de energia que existe dentro da gente, essa energia a que Freud deu o nome de libido. Mas o entusiasmo é bobo. Não sabe onde investir tal energia. Por isso investe em emoção pura que não leva a nada.

Mas há tantas coisas em que vale a pena investir o entusiasmo! E fico a pensar: o que fazer para que esse entusiasmo delicioso que não leva a nada se transforme num entusiasmo delicioso que transforme a Terra? Afinal de contas, a Terra e o futebol têm algo em comum: ambos são uma bola.

Será que o universo é um grande jogo de futebol e a Terra é a bola nesse jogo dos deuses? Com uma diferença. Quando a bola do futebol fura, pega-se uma nova. Os chineses mandavam cortar a cabeça de mais um inimigo para que o jogo continuasse. Mas, se a bola que é a nossa Terra furar, o juiz toca o gongo e anuncia: "É o fim do jogo da vida...".

sugestões de leitura

SE EU PUDESSE VIVER MINHA VIDA NOVAMENTE... (*Rubem Alves*)

Rubem Alves viaja no tempo e no espaço... e lança o olhar sobre os sonhos, sobre as perdas e ganhos, detendo-se nos pequenos detalhes que fazem toda a diferença, recorrendo a memórias ora felizes ora dolorosas, quase sempre com um toque de nostalgia que não é arrependimento, mas sim uma saudade gostosa de algo vivido em plenitude.

CONVERSAS SOBRE EDUCAÇÃO (*Rubem Alves*)

Nesta coletânea de crônicas, Rubem Alves transforma assunto sério – a educação – em um bate-papo descontraído e bem-humorado, considerando a prática educacional em seus vários níveis e dimensões. Em estilo inconfundível, as crônicas propõem uma missão para a educação: formar um povo para sonhar e, assim, promover a construção de um país.

CONVERSAS SOBRE POLÍTICA (*Rubem Alves*)

Um livro inteligente, corajoso, necessário, que realiza a proeza de nos tirar do conformismo e da resignação para nos lançar para a frente, fazendo com que nos posicionemos diante da realidade atual. Rubem Alves, através desta coletânea de crônicas, nos faz pensar, nos faz sonhar, nos leva a reivindicar da política o cumprimento de seu papel, da sua verdadeira missão: a de "sonhar os sonhos do povo e se dedicar a transformá-los em realidade".

Um céu numa flor silvestre (*Rubem Alves*)
Inspirado na poesia de William Blake, Rubem Alves, através de suas crônicas, leva o leitor a uma viagem pelas mais diversas formas de beleza presentes no nosso dia-a-dia, as quais, muitas vezes, passam despercebidas ao observador menos atento. Por outro lado, o autor mostra como a beleza pode ser vista de forma diferente, dependendo do olhar que contempla e do momento especial em que é vista.

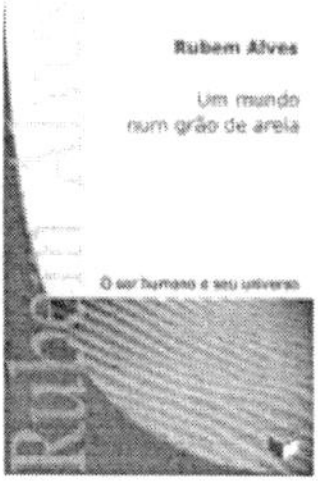

Um mundo num grão de areia (*Rubem Alves*)
Nesta coletânea de crônicas poéticas, de intenso lirismo, é possível encontrar todas as facetas que compõem o universo do ser humano e descobrir a riqueza de vida existente num minúsculo grão de areia, que nada mais é do que nosso mundo irrevelado. Esta é uma obra essencial para quem se sente amante da poesia, da arte, do sonho... amante do ser humano e de seu universo.

Educação dos sentidos e mais... (*Rubem Alves*)
Você vai poder mergulhar não só nas reflexões em torno dos sentidos, mas também da leitura, da arte, da educação, do ensino, do vestibular, da brincadeira criativa, dos desafios que a vida apresenta... e vai poder experimentar a alegria que brota das novas descobertas.

Pinóquio às avessas (*Rubem Alves*)
O conto, dirigido a pais e a professores, é, assim, apresentado "às avessas", para provocar uma reflexão que suscite mudanças significativas em favor de uma educação verdadeira, edificante, que preserve na criança – no ser humano – a capacidade de sonhar, de criar, de transformar, de se realizar.

AO PROFESSOR, COM O MEU CARINHO
(Rubem Alves)
Neste livro de crônicas, Rubem Alves, com seu estilo peculiar e contundente, traz à tona algumas das críticas que vem apresentando, no decorrer do tempo, ao sistema educacional. Quem o conhece de perto sabe que suas críticas são a manifestação de uma ansiedade profunda por ver oferecida a nossos alunos uma educação mais justa, por meio da qual também o professor possa se realizar em sua vocação de mestre.

TRANSPARÊNCIAS DA ETERNIDADE
(*Rubem Alves*)
Como um mestre da palavra, Rubem Alves relata, nesta coletânea de crônicas, passagens e experiências vividas, nas quais Deus, a religiosidade, o amor, a beleza e o sentido da vida estão sempre presentes. Seu texto flui com uma simplicidade de rara beleza, inspirado por uma memória poética e reflexões cotidianas, apresentando a espiritualidade sob uma nova ótica e tornando a sua leitura obrigatória àqueles que buscam ampliar seus horizontes.

A MAGIA DA CAMISA 10 (*André Ribeiro & Vladir Lemos*)
Numa mística que a transformou em sinônimo de craque, essa camisa tem história. Eternizada por Pelé, fez os olhos do mundo se voltarem para aqueles homens mágicos que fazem do jogo de futebol uma arte. Os autores conseguiram captar toda essa magia e transformar em livro a história dos grandes jogadores de todo o mundo. Histórias às vezes dramáticas, às vezes edificantes e inspiradoras, mas sempre com um mesmo destino: a linha de fundo, uma bola na rede e um grito de gol!

RONALDO: A JORNADA DE UM GÊNIO (*James Mosley*)
O livro traça a trajetória do ídolo brasileiro, desde sua infância no Rio de Janeiro até se tornar um fenômeno mundial e integrar o milionário time do Real Madrid. Por meio de entrevistas exclusivas e tendo acesso aos bastidores do mundo do futebol, James Mosley revela algumas histórias, como os eventos misteriosos ocorridos na final da Copa de 1998,

além de aspectos desconhecidos da vida privada de Ronaldo e de seu malogrado casamento com Daniella Cicarelli.

Sudoku Puzzles 100 (1 e 2)

Presença constante nas listas de *best-sellers* da Inglaterra, Canadá e E.U.A., o SUDOKU é uma espécie de quebra-cabeça de números que envolve raciocínio, lógica e concentração e que está virando uma epidemia mundial. Cada volume deste livro reúne 100 jogos divididos em cinco níveis de dificuldade: muito fácil, fácil, médio, difícil e muito difícil.

Cinematerapia para a alma - Guia de filmes para todos os momentos da vida (*Nancy Peske & Beverly West*)

Neste livro você encontrará 150 dicas de filmes, tanto clássicos quanto contemporâneos, para os mais diversos momentos e estados de espírito. Divertido, brincalhão, espirituoso, este livro funciona como um remédio eficaz: levanta o astral, acalma a ansiedade, faz sair da monotonia, inspira coragem, renova a esperança, dá boas idéias, faz pensar, emociona, provoca boas risadas, apresenta novas perspectivas... e muito mais!

Opus Dei - Os bastidores (*Dario F. Ferreira & Jean Lauand & Marcio F. da Silva*)

O Opus Dei é a instituição da Igreja sobre a qual recaem mais críticas e suspeitas, além de ser a mais intrigante e polêmica. Baseados em sua própria vivência e nos testemunhos e depoimentos de muitos ex-membros da Obra, os autores trazem a polêmica até o grande público, no esforço de esclarecer, oferecer dados para sérias reflexões, denunciar atitudes abusivas, preconceituosas, castradoras, oportunistas, a partir das quais se conclui naturalmente que a história que o Opus Dei conta de si mesmo absolutamente não coincide com a que os ex-membros relatam sobre ele.

Orar com o corpo (*Carlos Rodrigues Brandão*)

O autor presenteia os leitores com poemas-prece – verdadeiras reflexões que, desenvolvendo-se nos diversos momentos do dia, inspiram o leitor a voltar-se para si mesmo, a estender os olhos para o outro, a superar-se para visualizar o Outro. Sensível, delicado, forte, vigoroso, denso, simples, genuíno, autêntico, o autor consegue harmonizar todas essas características nas mensagens que enternecem por sua verdade, por seu realismo, por seu ritmo inspirador.

O som do silêncio (*Luiz Carlos Lisboa*)

Com textos profundos, mas de leitura simples, Luiz Carlos Lisboa leva o leitor a viagens em busca do eu interior. São meditações em pequenos textos com temas variados, geralmente nascidos da natureza e de tudo o que nos rodeia – o som, a lua, o sol, a presença do ausente, o amor, as emoções, a capacidade de sentir, a solidão e o estar só.

UM CASO DE AMOR COM A VIDA (*Regis de Morais*)
Através de belos textos acentuadamente poéticos, o autor nos leva a percorrer o caminho que liga os opostos sempre presentes nas experiências particulares e universais: o nascer e o morrer, o perder e o ganhar, o chorar e o rir, o odiar e o amar... Despertando cada vez mais para a Beleza que mora em nós, que mora no outro, que envolve a todos, a leitura deste livro nos propõe uma trajetória que, num exercício de encantamento, nos permitirá ter... um caso de amor com a vida!

ONDE EXISTE AMOR, DEUS AÍ ESTÁ (*Leon Tolstói*)
Tolstói, autor clássico russo, famoso por seus grandes romances, merece ser divulgado também como autor de belíssimos contos espirituais. São histórias criativas, cheias de imaginação, ricas em ensinamento e que tocam o nosso coração ao nos apresentarem situações reais, personagens que têm vida própria, uma visão de mundo rica, colorida, com sabor de realidade.

FENÔMENO *BULLYING* - COMO PREVENIR A VIOLÊNCIA NAS ESCOLAS E EDUCAR PARA A PAZ (*Cleo Fante*)
"*Bullying* é um conjunto de atitudes agressivas, intencionais e repetitivas, que ocorrem sem motivação evidente, adotado por um ou mais alunos contra outros, causando dor, angústia e sofrimento." Com uma proposta de "Educar para a Paz", a autora, além de oferecer um panorama mundial sobre o fenômeno *bullying*, destaca a realidade vivida hoje no Brasil e apresenta um programa inédito e extremamente prático a ser aplicado nas escolas, que já vem sendo desenvolvido em alguns estabelecimentos de ensino, com sucesso.

LIÇÕES PARA TODA A VIDA *(Maria Salette & Wilma Ruggeri)*
Por meio de uma parábola – a trajetória de um executivo em sua busca pela sabedoria –, as autoras apresentam lições de desapego, confiança e humildade, surpreendendo o leitor pela simplicidade e profundidade de cada reflexão e proporcionando-lhe um encontro decisivo com seu mestre interior.

DE LAGARTA A BORBOLETA *(Maria Salette & Wilma Ruggeri)*
Não é interessante pensarmos que carregamos em nós todo o potencial de transformação de que necessitamos? Quantas vezes queremos mudar nossa vida, as pessoas que nos rodeiam, e nos frustramos porque não reconhecemos que, para alçarmos vôos mais altos, precisamos, antes de mais nada, entrar em nosso casulo, em nosso refúgio interior, para daí,

com nossos próprios recursos, tecer nossa transformação... então partimos para a jornada em busca da plenitude.

Para que minha vida se transforme (1 e 2) *(Maria Salette & Wilma Ruggeri)*

Histórias que devem ser lidas ou contadas no dia-a-dia e que se destinam a todos os que estão à sua volta: crianças, jovens e adultos, parentes e amigos... São histórias simples e populares, escritas de maneira leve e de fácil compreensão, que mostram que a vida é simples e leve; que a felicidade está dentro de cada um de nós; que podemos ser agentes de nossa vida e não reagentes; que não somos os donos da verdade; que devemos ver as pessoas além das aparências e cultivar valores... cultivar tudo o que é nobre e contribui para que o mundo esteja em paz.

São José - A personificação do Pai *(Leonardo Boff)*

Na história do cristianismo existem cerca de vinte mil escritos que tratam de São José. Entre todos esses não havia nenhum em língua portuguesa que tratasse, de forma ampla e profunda, desta figura tão importante para a vivência dos cristãos. A presente obra se propõe preencher esta lacuna. Representa o trabalho de muitos anos de pesquisa nas melhores bibliotecas especializadas sobre São José.

Ética e eco-espiritualidade *(Leonardo Boff)*

De que espiritualidade precisamos para dar um sentido humano ao processo de globalização? Que princípios éticos nos poderão orientar para convivermos com um mínimo de paz e de cooperação entre os povos? O presente livro procura abrir clareiras no emaranhado dessas questões, para que possamos entender melhor e assumir mais decididamente nossa missão de guardiães e curadores da Terra e da vida.

Crise, oportunidade de crescimento *(Leonardo Boff)*

Este é um livro de esperança. Fala da crise que atinge os fundamentos das convicções estabelecidas, das culturas, das religiões, dos valores, das políticas e do cotidiano – e a crise sempre pressupõe riscos. Mas onde há crise há também inúmeras oportunidades que conduzem ao amadurecimento e crescimento do ser humano enquanto indivíduo e membro da sociedade.

Impressão e Acabamento

Prisma Printer Gráfica e Editora Ltda.
Fone/Fax: (0xx19) 3229-7171
E-mail: grafica@prismaprinter.com.br
www.prismaprinter.com.br
Campinas - SP